DERGUGL

Feine SchokoGugl

Verführerische Backideen für kleine Schokoladenkuchen

südwest

Inhalt

Die Schokoladenseiten des Gugl

Kirsche-Pistazie, Eierlikör-Mandel, Johannisbeer-Vanille, Haselnuss: Das sind nur einige Gugl, die Feinschmecker zum Schwärmen bringen. Alle diese Rezepte haben wir im ersten Gugl-Backbuch vorgestellt. Womit wir gleichzeitig den Anspruch für dieses, unser zweites Gugl-Backbuch, hochgeschraubt haben. Erfüllen werden wir ihn mit den Schokoladenseiten des Gugl und dem wunderbaren, tiefen und nuancenreichen Geschmack der Schokolade. In 30 Rezepten erfahren Sie, wie vielfältig und variantenreich Kakao, Kakaobutter und Schokolade sind. Und in jedem Fall wird das Ergebnis halten, was sich Gourmets vom Gugl versprechen: ein kleines Glück.

Der Gugl – von Hand, mit Herz und feinsten Zutaten gemacht.

Das kleine Glück ist eine Kunstform

Der Klecks Marmelade auf der Kinderfingerspitze. Die Praline vor dem Zubettgehen. Die kreative Verführung im Sternerestaurant. Das sind Meisterwerke der kleinsten Kunstform, des Naschens. Jeder kennt sie, diese Momente des reinen Glücks und des reinen Genusses. Womit wir beim Gugl angekommen sind: Die klassische äußere Form erfreut Traditionalisten, die grenzenlose Kreativität der Rezeptideen begeistert alle, die sich vom guten Geschmack leiten lassen, die zarte Konsistenz wird von Freunden des perfekten Handwerks gefeiert. Schließlich: die Konzentration auf das Wesentliche – der Gugl und die Schokolade.

Doch beginnen wir am Anfang

Ich wurde von meinen Eltern auf den Namen Chalwa getauft, vermutlich, weil sie mich als Baby besonders süß fanden - Chalwa ist im Osten Europas eine beliebte Süßigkeit. Heute gefällt mir eher der Gedanke, sie hätten dies in weiser Voraussicht getan, gleichsam meine Karriere als Gugl-Erfinderin erahnt. Wenn dies tatsächlich so war, dann wurde ihre Prophezeiung irgendwann im Jahr 2009 Wirklichkeit. Mit meiner grundsätzlichen Frage: Warum eigentlich gibt es in Deutschland, dem Land mit der großen Kuchentradition, nichts, was man mit amerikanischen Muffins, Cupcakes oder auch französischen Macarons oder Petit Fours auf eine Stufe stellen kann? Oder besser: gleich eine Stufe höher? Meine Antwort: weil noch niemand die Idee gehabt hatte. Außer: ich, in diesem Moment.

Unsere Ideen ändern sich nach Lust, Laune und Jahreszeit.

17. August 2009, ein historisches Datum

An diesem Tag kam er zur Welt – der erste Gugl. Er war leicht, zart, nicht fettig, fast saftig und intensiv aromatisch. Und er besaß von Geburt an die Tradition eines großen Namens, denn er war ein Gugelhupf. Nicht so groß, nicht so massiv, nicht so trocken. Aber mindestens so schön. Dabei war er ungefähr so klein wie eine Praline und doch ein ganzer Kuchen. Was für ein Glück.

Nicht nur eine Idee, sondern ganz viele

Mit dem allerersten Gugl war der kreative Prozess noch lange nicht beendet. Er fing erst an. Aus der ersten Idee war ein völlig neues Produkt geworden, Freunde, Bekannte und Verwandte waren begeistert. Nun dachte ich über kreative Rezeptideen nach, verwirklichte sie, probierte sie und fand sie gut – oder auch nicht.

Im April 2010 war es endlich soweit: Das Unternehmen war gegründet, die Mitarbeiter fanden sich, die Strategie war entwickelt und die Webseite www.dergugl.de mit der ersten Gugl-Frühjahrs-/Sommer-Kollektion endlich online. Dies waren die ersten neun köstlichen Gugl-Ideen, die Feinschmecker im Netz bestellen konnten: Schokolade, Eierlikör-Zitrone, Sauerkirsche-Hasel-

Mit einem Klick zum kleinen Glück: www.dergugl.de.

Wir sind entschlossen, die kreativen Spezialisten zu sein für das kleine Schokoladenglück.

Mit der beiliegenden Form kann das kleine Glück selbst gebacken werden. Die Form ist bei Temperaturen von -40 °C bis +230 °C zu verwenden und ist damit spülmaschinen- und gefriergeeignet.

nuss, Kokos-Zitronengras, Matchatee-Pflaume, Passionsfrucht, Schokolade-Cranberry, Kaffee-Kardamom und Rose-Physalis. Aus gutem Grund war von Beginn an Schokolade dabei.

Das Glück darf auch klein sein

Dass dieser Grundsatz für den Gugl stimmt, ist auf den ersten Blick zu erkennen und auf den ersten Biss bewiesen. Und das immer wieder neu. Für die Volksfestsaison im Spätsommer backen wir Wiesn-Gugl. Zu Silvester Gugl mit Champagner. Zu Ostern Gugl mit Eierlikör. Zum Muttertag mit Himbeer-Rose. Und für den Rest des Jahres die Gugl der Saison - Frühjahr/Sommer eher fruchtig, Herbst/Winter eher würzig.

Wie ist bei Ihnen die Zimmertemperatur?

Kommen wir nun von dem, was wir verkaufen, zu dem, was Sie backen. Und da ist erst einmal Zimmertemperatur sehr wichtig. Sie ist entscheidend für einen perfekten Gugl, denn gleich warm müssen die Zutaten sein, vor allem die Butter und die Eier. Andernfalls verbinden sich die Zutaten nicht zu einem homogenen Teig. Und noch ein paar wichtige Tipps: Nehmen Sie nur frische Zutaten, insbesondere nur frische Eier.

An die Arbeit: Zunächst rühren Sie Butter mit Puderzucker schaumig - aber mit Fingerspitzengefühl: nicht zu lang und nicht zu kurz. Erst wenn die Rührmasse Volumen und feine Poren zeigt, heller geworden ist und cremig-geschmeidig, arbeiten Sie das Ei ein. Zuletzt wird das gesiebte Mehl, Type 405, oder der Grieß untergehoben.

Doch es gehört noch mehr dazu, damit aus Fett, Eiern und Mehl ein köstlicher Gugl wird. Natürliche Aromen, Pasten, Öle beispielsweise. Diese werden nach **Faustregel Nummer eins** immer in der Butter aufgelöst. Nüsse, Mandeln, Pistazien und Samen – wie z. B. Sesam – werden nach **Faustregel Nummer zwei** grund-

sätzlich in der Pfanne oder im Ofen vorsichtig angeröstet, bis sie duften, und später, zusammen mit dem Mehl, zur Butter-Eier-Mischung gegeben.

Faustregel Nummer drei: beim Backen der Gugl alles weglassen, was nicht schmeckt. Und was brauchen Sie noch? Ein Arbeitsbrett, ein Küchenmesser, einen Schneebesen, für die Zutaten viele kleine Schüsselchen plus eine große Schüssel für den Teig, ein Sieb, eine Küchenwaage, einen Spritzbeutel zum Einfüllen des Teiges, einen Ess- und einen Teelöffel, einen kleinen Topf zum Zerlassen der Butter und einen Pinsel zum Ausfetten der Formen.

Und Schokolade in jeder Form. Die wird aus Kakaobohnen gemacht, die überall am Äquator wachsen. Der beste Kakao kommt aus Südamerika, aus der Karibik und aus Indonesien. Nach dem Fermentieren werden die Bohnen geröstet, gemahlen und zerrieben – die Kakaomasse entsteht. Aus der kann man zweierlei machen: erstens feine Schokolade, mehr oder weniger bitter. Je nach Rezeptur. Zweitens weiß-goldene Kakaobutter – für die berühmte weiße Schokolade – und, aus dem trockenen Rest, Kakaopulver.

Kaufen Sie beste Zutaten, wenn möglich bio.

Feine Schoko-Gugl

Gugl-Süchtige, -Fans und -Freunde haben ihre Lieblingsschokoladenrezepte und -ideen geschickt, wir haben sie professionell, kritisch und streng ausprobiert, verfeinert, überarbeitet oder verworfen und so das zweite Gugl-Backbuch zusammengestellt.

Mit neuen, kreativen und sehr, sehr leckeren Rezepten. Und dazu bekommen Sie obendrein: persönliche Gedanken der Gugl-Fans zum kleinen Glück.

Ich wünsche Ihnen viel Vergnügen beim Erschaffen Ihrer eigenen Gugl und danke allen Freunden der Naschkunst, die ihre Rezepte und Ideen mit uns geteilt haben.

Süße Grüße!
Ihre **Chalwa Heigl**

Achten Sie auf die Backzeiten, damit die Gugl nicht an Saftigkeit verlieren und knusprig werden!

Die ewige Lust

In der Geschichte der Welt hat die Schokolade zu Recht ein eigenes Kapitel. So hat Kolumbus zwar Amerika entdeckt, aber den Kakao hat er übersehen. Womit für viele Genießer Hernán Cortés, der erste Importeur von Kakao nach Europa, auch der größte Entdecker aller Zeiten ist. Seither ist die Liebe der Europäer zum Kakao unsterblich, leidenschaftlich und hemmungslos. Mit Erdbeeren, mit Nüssen, mit Vanille, mit Marzipan, mit Rum: Ohne Kakao wären das alles nur Zutaten. Es folgen die Gugl mit der Lizenz zum Klassiker.

Gugl Erdbeere-Kaffee

Für Lena aus München bedeutet das kleine Glück einen freien Tag, an dem sie rein gar nichts zu erledigen hat und spontan machen kann, was sie will. Erdbeeren liebt sie und genießt diesen köstlichen Gugl an ihren Frei-Tagen mit einer leckeren Tasse Kaffee.

Für etwa 18 Gugl

20 g Butter und Mehl für die Form
50 g Butter
50 g Puderzucker
1 Ei
1 Eigelb
1 Messerspitze Vanillinzucker
60 g Mehl
20 g Weichweizengrieß
3 frische Erdbeeren
60 g Erdbeerjoghurt
50 g Vollmilchkuvertüre
3 EL Espresso
½ TL lösliches Espressopulver

Zubereitungszeit etwa 20 Minuten plus Backzeit

Dieses Rezept finden Sie auf Seite 8 abgebildet.

1 Die Zutaten vor der Zubereitung auf Zimmertemperatur bringen. Die Butter zum Einfetten der Gugelhupfformen in einem Topf schmelzen, jedes Einzelne der kleinen Förmchen mit einem Küchenpinsel ausstreichen und leicht mit Mehl bestäuben. Den Backofen auf 210 °C Ober-/Unterhitze vorheizen.

2 Die weiche Butter mit dem Puderzucker schaumig schlagen, Ei und Eigelb mit dem Vanillinzucker zugeben und cremig rühren.

3 Das Mehl sieben und mit dem Grieß unter die Masse heben. Die Erdbeeren klein würfeln, mit dem Joghurt vermischen und in den Teig rühren. Zuletzt etwa die Hälfte der Kuvertüre mit einem Messer sehr fein hacken und mit dem Espresso unter den Teig heben, sodass er eine geschmeidige Konsistenz erhält.

4 Teig mit einem Spritzbeutel in die Gugelhupfformen füllen und im unteren Drittel des vorgeheizten Backofens ca. 15 Minuten backen. Anschließend aus dem Ofen nehmen, abkühlen lassen und herauslösen.

5 Für die Verzierung die restliche Schokolade im Wasserbad schmelzen und mit dem Espressopulver verrühren. Anschließend mit einem Teelöffel über die abgekühlten Gugl träufeln lassen.

Tipp **Wer lieber richtige Glasur mag, schmilzt die doppelte Menge Schokolade mit Espressopulver, tunkt die Gugl ein, lässt sie abtropfen und stellt sie zum Trocknen auf ein Kuchengitter.**

Gugl Florentiner

Für die liebe Emmy bedeutet das kleine Glück, einen tollen und engen Freundeskreis zu haben, mit dem sie gemeinsam Zeit verbringen kann. Gerne versorgt sie die Münchner Truppe auch immer mit kleinen Leckereien.

1 Die Zutaten vor der Zubereitung auf Zimmertemperatur bringen. Die Butter zum Einfetten der Gugelhupfformen in einem Topf schmelzen, jedes Einzelne der kleinen Förmchen mit einem Küchenpinsel ausstreichen und leicht mit Mehl bestäuben. Den Backofen auf 210 °C Ober-/Unterhitze vorheizen.

2 Die Butter schmelzen und mit dem Puderzucker zu einer cremigen Masse schlagen. Ei und Eigelb zugeben und mit dem Schneebesen gut verrühren.

3 Den Zucker in einer Pfanne anschmelzen lassen und die Mandelblätter darin rösten, bis sie karamellisieren, dann abkühlen lassen. Das Mehl sieben und mit den gemahlenen Mandeln und den karamellisierten Mandelblättern unter die Butter-Ei-Masse heben. Die Schokolade mit einem Messer fein hacken und mit dem Karamellsirup in den Teig einrühren.

4 Teig mit einem Spritzbeutel in die Gugelhupfformen füllen und im vorgeheizten Backofen auf der vorletzten Schiene ca. 15 Minuten backen. Anschließend aus dem Ofen nehmen, abkühlen lassen und herauslösen.

Tipp **Für diesen Gugl eignet sich eine Karamellsauce als Garnierung. Hierfür 100 Gramm Zucker in einem Topf schmelzen, bis er karamellisiert, eventuell etwas warmes Wasser zufügen. Langsam 180 Gramm Sahne einrühren, bis eine Creme entsteht. Abkühlen lassen und mit einem Teelöffel über die Gugl träufeln.**

Für etwa 18 Gugl

20 g Butter und Mehl für die Form

50 g Butter

50 g Puderzucker

1 Ei

1 Eigelb

1–2 EL Zucker

25 g Mandelblätter

40 g Mehl

30 g gemahlene Mandeln

10 g Schokolade

3 EL Karamellsirup

Zubereitungszeit etwa 25 Minuten plus Backzeit

Dieses Rezept finden Sie auf Seite 8 abgebildet.

Gugl Stracciatella

Isabella liebt Stracciatellaeis und findet, in Form eines kleinen Gugl macht sich dies auch hervorragend. Für sie bedeutet das kleine Glück, mit den Menschen, die sie liebt und die sie lieben, zusammen sein zu dürfen.

Für etwa 18 Gugl

20 g Butter und Mehl für die Form
¼ Vanilleschote
50 g Butter
50 g Puderzucker
1 TL Vanillinzucker
1 Ei
1 Eigelb
80 g Mehl
30 g Zartbitterschokolade
85 g Naturjoghurt

Zubereitungszeit etwa 15 Minuten plus Backzeit

1 Die Zutaten vor der Zubereitung auf Zimmertemperatur bringen. Die Butter zum Einfetten der Gugelhupfformen in einem Topf schmelzen, jedes Einzelne der kleinen Förmchen mit einem Küchenpinsel ausstreichen und leicht mit Mehl bestäuben. Den Backofen auf 210 °C Ober-/Unterhitze vorheizen.

2 Vanilleschote längs aufschlitzen und das Mark mit einem Messerrücken herauskratzen. Butter zerlassen und den gesiebten Puderzucker mit dem Vanillinzucker und dem Mark der Vanilleschote hineinrühren. Das Ei und das Eigelb zugeben und alles zusammen glatt rühren.

3 Das Mehl sieben und unter die Masse heben. Die Zartbitterschokolade mit einem Messer in kleine Würfel hacken und mit dem Joghurt in den Teig einrühren.

4 Teig mit einem Spritzbeutel in die Gugelhupfformen füllen und im vorgeheizten Backofen im unteren Drittel ca. 15 Minuten backen. Anschließend aus dem Ofen nehmen, abkühlen lassen und herauslösen.

Tipp **Anstatt Naturjoghurt kann man auch Stracciatellajoghurt verwenden – damit wird der Gugl noch ein wenig süßer. Wer es lieber etwas fruchtiger hat, kann auch ein paar frische Früchte klein würfeln und mit in den Teig geben.**

Cardigan,
Llanidloes,

Gugl Marzipan-Schokolade

Für Tobias liegt das kleine Glück in jeder Erfahrung. Nicht nur in der Weihnachtszeit, sondern auch sonst mag er ab und zu einen kleinen Hauch von Marzipan, deshalb ist dies sein Gugl-Rezept.

1 Die Zutaten vor der Zubereitung auf Zimmertemperatur bringen. Die Butter zum Einfetten der Gugelhupfformen in einem Topf schmelzen, jedes Einzelne der kleinen Förmchen mit einem Küchenpinsel ausstreichen und leicht mit Mehl bestäuben. Den Backofen auf 210 °C Ober-/Unterhitze vorheizen.

2 Die Marzipanschokolade mit einem Messer in feine, kleine Würfel hacken. Gehackte Mandeln mit ein wenig Butter kurz anrösten, bis sie goldbraun sind, dann abkühlen lassen.

3 Die Butter schmelzen und mit dem Puderzucker sehr cremig schlagen. Das Ei und das Eigelb zugeben und gut verrühren. Das Mehl sieben und gemeinsam mit den gemahlenen Mandeln, den Mandelsplittern und den Marzipanschokowürfeln unter den Teig heben. Zuletzt je nach Vorliebe mit dem Amaretto abschmecken.

4 Teig mit einem Spritzbeutel in die Gugelhupfformen füllen und im vorgeheizten Backofen im unteren Drittel ca. 15 Minuten backen. Anschließend aus dem Ofen nehmen, abkühlen lassen und herauslösen.

Tipp **Anstatt Amaretto kann man auch einen Esslöffel Mandelsirup verwenden. Dieser ist im Supermarkt oder in Coffeeshops erhältlich und verleiht dem Gugl zusätzlich eine tolle Geschmacksnote.**

Für etwa 18 Gugl

20 g Butter und Mehl für die Form
30 g Marzipanschokolade
10 g gehackte Mandelsplitter
etwas Butter zum Anrösten
50 g Butter
50 g Puderzucker
1 Ei
1 Eigelb
50 g Mehl
30 g gemahlene Mandeln
1 EL Amaretto

Zubereitungszeit etwa 20 Minuten plus Backzeit

Gugl Rum

Für Imola bedeutet das kleine Glück, aus heiterem Himmel ein Geldstück als Glücksbringer auf dem Bürgersteig zu finden. Ihr Lieblings-Gugl ist der mit Rum und Rosinen.

Für etwa 18 Gugl

1 EL Rosinen
4 EL Rum
20 g Butter und Mehl für die Form
50 g Butter
Mark von ¼ Vanilleschote
50 g Puderzucker
1 Ei
1 Eigelb
20 g Nougat
30 g gemahlene Haselnüsse
50 g Mehl
25 g Nuss-Nougat-Schokolade

Zubereitungszeit etwa 20 Minuten plus Einlege- und Backzeit

1 Die Rosinen in einer Tasse im Rum einweichen und zugedeckt über Nacht ziehen und quellen lassen.

2 Die Zutaten vor der Zubereitung auf Zimmertemperatur bringen. Die Butter zum Einfetten der Gugelhupfformen in einem Topf schmelzen, jedes Einzelne der kleinen Förmchen mit einem Küchenpinsel ausstreichen und leicht mit Mehl bestäuben. Den Backofen auf 210 °C Ober-/Unterhitze vorheizen.

3 Die Butter mit dem Vanillemark schmelzen und mit dem Puderzucker schaumig schlagen. Das Ei und das Eigelb zugeben und cremig rühren. Den Nougat im Wasserbad schmelzen und unter die Masse rühren.

4 Die Haselnüsse in einer heißen Pfanne rösten und abkühlen lassen. Anschließend mit dem Mehl unter die Masse rühren. Die Nuss-Nougat-Schokolade mit einem Messer klein hacken und mit den eingelegten Rosinen und dem Rum in den Teig einrühren.

5 Teig mit einem Spritzbeutel in die Gugelhupfformen füllen und im vorgeheizten Backofen im unteren Drittel ca. 15 Minuten backen. Anschließend aus dem Ofen nehmen, abkühlen lassen und herauslösen.

Tipp **Statt Rosinen kann man auch frische rote Weintrauben verwenden. Diese werden nicht in Rum eingelegt. Einfach mit einem Messer klein schneiden, den Rum separat in den Teig einrühren.**

Gugl Marmor

Dieser wunderbar klassische Marmor-Gugl kommt von Alexandra aus Lorsch. Sie findet, dass Glück das Einzige ist, das sich verdoppelt, wenn man es teilt.

1 Die Zutaten vor der Zubereitung auf Zimmertemperatur bringen. Die Butter zum Einfetten der Gugelhupfformen in einem Topf schmelzen, jedes Einzelne der kleinen Förmchen mit einem Küchenpinsel ausstreichen und leicht mit Mehl bestäuben. Den Backofen auf 175 °C Ober-/Unterhitze vorheizen.

2 Den Sauerrahm mit dem Agavendicksaft in einem Topf erwärmen und den Kakao darin auflösen. Beiseitestellen zum Abkühlen. Die weiche Butter mit dem Puderzucker und der Vanille schaumig schlagen. Das Ei mit dem Amaretto unterrühren.

3 Das Mehl mit dem Salz unterheben und den Teig halbieren. Die abgekühlte Kakaomasse mit einer der beiden Teighälften vermengen.

4 Zuerst den hellen Teig mit einem Spritzbeutel in die Förmchen füllen, anschließend den dunklen Teig auf die gleiche Art und Weise daraufsetzen. Anschließend mit einem Zahnstocher spiralförmig durchziehen und die Gugl im vorgeheizten Backofen im unteren Drittel ca. 15 Minuten backen. Aus dem Ofen nehmen, abkühlen lassen und herauslösen.

Tipp **Besonders köstlich sind diese Marmor-Gugl, wenn man sie noch mit einer dünnen Schokoladenglasur überzieht. Hierfür einfach ein wenig Schokolade im Wasserbad schmelzen, die Gugl eintunken, ein wenig abtropfen und trocknen lassen.**

Für etwa 18 Gugl

20 g Butter und Mehl für die Form

50 g Sauerrahm

1 TL Agavendicksaft

2 EL Kakaopulver

60 g Butter

60 g Puderzucker

1 Messerspitze gemahlene Vanille

1 Ei

2 EL Amaretto

60 g Mehl

1 Prise Salz

Zubereitungszeit etwa 20 Minuten plus Backzeit

Dieses Rezept finden Sie auf Seite 2 abgebildet.

Gugl Schokoladen-Brioche

Das kleine Glück bedeutet für Miriam aus Lübeck, jeden Tag jemanden zum Lächeln zu bringen. Mit diesem besonderen Rezept tut sie das ganz bestimmt.

Für etwa 18 Gugl

20 g Butter und Mehl für die Form
75 ml Milch
6 g frische Hefe
50 g Butter
40 g Vanillepuderzucker (alternativ: Puderzucker mit etwas Vanillemark)
1 Ei
150 g Mehl
1 Prise Salz
Mehl für die Arbeitsfläche
30 g Schokolade

Zubereitungszeit etwa 35 Minuten plus Geh- und Backzeit

1 Die Zutaten vor der Zubereitung auf Zimmertemperatur bringen. Die Butter zum Einfetten der Gugelhupfformen in einem Topf schmelzen, jedes Einzelne der kleinen Förmchen mit einem Küchenpinsel ausstreichen und leicht mit Mehl bestäuben. Den Backofen auf 160 °C Ober-/Unterhitze vorheizen.

2 Die Milch leicht erwärmen, die Hefe darin auflösen. Die Butter schmelzen, mit dem Puderzucker schaumig schlagen. Das Ei zugeben und zu einer cremigen Masse rühren. Unter Rühren die Hefemilch zugeben, alles zu einer homogenen Masse verarbeiten.

3 Mehl und Salz unterheben und zu einem weichen Teig verkneten. Den Teig in der Schüssel lassen, mit einem Küchentuch abdecken und an einem warmen Ort auf das doppelte Volumen aufgehen lassen. Anschließend die Arbeitsfläche leicht bemehlen, den Teig daraufgeben und sanft flach drücken. Die Schokolade mit einem Messer in kleine Streusel raspeln. Auf dem Teig verteilen, leicht festdrücken und den Teig vorsichtig aufrollen.

4 Die Hefeteigrolle in 18 kleine Portionen teilen und einzeln in die Mulden der Form drücken. Im vorgeheizten Backofen im unteren Drittel 20 bis 25 Minuten backen. Anschließend aus dem Ofen nehmen, abkühlen lassen und herauslösen.

Tipp **Beim Bemehlen der Arbeitsfläche darf man nicht zu viel und nicht zu wenig Mehl verwenden. Optimal ist eine zarte Staubschicht, sodass der Teig beim Aufrollen gerade nicht kleben bleibt.**

Gugl Birne-Mandel

Für Anna-Verena aus Brühl bei Köln bedeutet das kleine Glück, wenn ihr jemand ohne größeren Anlass einen Strauß rosa Rosen schenkt – das sind ihre Lieblingsblumen. Wie schön, dass sie ihr tolles Gugl-Rezept mit uns teilt!

1 Die Zutaten vor der Zubereitung auf Zimmertemperatur bringen. Die Butter zum Einfetten der Gugelhupfformen in einem Topf schmelzen, jedes Einzelne der kleinen Förmchen mit einem Küchenpinsel ausstreichen und leicht mit Mehl bestäuben. Den Backofen auf 210 °C Ober-/Unterhitze vorheizen.

2 Die Kuvertüre im Wasserbad schmelzen und abkühlen lassen. Die sehr weiche Butter mit Puderzucker schaumig schlagen. Das Ei zugeben und cremig rühren. Die Zitronenschale abreiben (Vorsicht! Nicht das Weiße mit abreiben, sonst wird der Teig bitter) und mit Zimt, Birnengeist und der geschmolzenen Kuvertüre unter die Butter-Eier-Masse rühren.

3 Die Mandeln mit ein wenig extra Butter in einer Pfanne anrösten, abkühlen lassen und mit dem Mehl unter die Masse heben. Die Hälfte der Birne pürieren, die Sahne steif schlagen und unter den Teig rühren. Die restliche Birne in sehr kleine Würfel schneiden und zugeben.

4 Teig mit einem Spritzbeutel in die Gugelhupfformen füllen und im vorgeheizten Backofen im unteren Drittel ca. 15 Minuten backen. Anschließend aus dem Ofen nehmen, abkühlen lassen und herauslösen.

Tipp **Wem Sahne zu schwer ist, der kann sie durch Vollmilch ersetzen. Für extra Schokoladengeschmack einen Teelöffel Kakaopulver mit einrühren und die Schokomilch unter den Teig heben.**

Für etwa 18 Gugl

20 g Butter und Mehl für die Form

40 g Zartbitterkuvertüre

50 g Butter

60 g Puderzucker

1 Ei

½ Biozitrone

5 g Zimtpulver

1 EL Birnengeist

60 g geschälte Mandeln

etwas Butter zum Anrösten

40 g Mehl

1 kleine Birne (ca. 70 g)

30 g Sahne

Zubereitungszeit etwa 30 Minuten plus Backzeit

Eine Idee anders

Wenn man mal über den Kuchentellerrand hinausschaut, dann findet man schnell viele Aromen, die einfach zu kurz kommen in der Backstube. Nelke, Basilikum, Chili – um nur einige zu nennen. Sie alle, natürlich in feinster Dosierung und niemals vordergründig oder penetrant, geben Ihrem Gugl genau den kleinen Dreh, den gute Freunde gerne mit den Worten kommentieren: »Das schmeckt ja großartig, wie hast du das denn gemacht?« Es sind die kleinen Ideen, die große Genießer glücklich machen. Wer wüsste das besser als wir?

Gugl Rote Bete

Für Peter bedeutet das kleine Glück den alltäglichen Genuss. Am besten mit guten Freunden und ausreichend zelebriert.

Für etwa 18 Gugl

20 g Butter und Mehl für die Form
40 g dunkle Schokolade (70 % Kakaoanteil)
75 g gekochte Rote Bete
75 g Butter
60 g Puderzucker
½ TL Vanillinzucker
1 Ei
1 Eigelb
75 g Mehl
¼ TL Bourbonvanillepulver
1 Prise Salz

Für den Guss

25 g Sahne
25 g brauner Zucker
100 g dunkle Schokolade (70 % Kakaoanteil)

Zubereitungszeit etwa 30 Minuten plus Backzeit

Dieses Rezept finden Sie auf Seite 22 abgebildet.

1 Die Zutaten vor der Zubereitung auf Zimmertemperatur bringen. Die Butter zum Einfetten der Gugelhupfformen in einem Topf schmelzen, jedes Einzelne der kleinen Förmchen mit einem Küchenpinsel ausstreichen und leicht mit Mehl bestäuben. Den Backofen auf 210 °C Ober-/Unterhitze vorheizen.

2 Die Schokolade im Wasserbad schmelzen und etwas abkühlen lassen. Gekochte Rote Bete pürieren. Die weiche Butter mit dem Puder- und Vanillinzucker schaumig schlagen. Das Ei und das Eigelb mit dem Rote-Bete-Püree in die Masse einrühren. Die Schokolade zugeben und alles zu einer cremigen Masse verrühren.

3 Das Mehl mit dem Bourbonvanillepulver und dem Salz unter den Teig heben.

4 Teig mit einem Spritzbeutel in die Gugelhupfformen füllen und im vorgeheizten Backofen im unteren Drittel ca. 18 Minuten backen. Anschließend aus dem Ofen nehmen, abkühlen lassen und herauslösen.

Tipp **Rote Bete kann man schon gekocht und eingeschweißt im Supermarkt kaufen. Für den Guss die Sahne mit dem Zucker sirupartig einkochen lassen. Vom Herd nehmen, die Schokolade dazugeben und auflösen. Leicht abkühlen lassen und gleichmäßig auf die abgekühlten kleinen Gugl verteilen.**

Gugl Baiser-Stachelbeere

Die süße Alina aus Weßling ist der Meinung: »Glück gleicht durch Höhe aus, was ihm an Länge fehlt« (von Robert Frost). Dieser Gugl ist genauso süß wie sie.

1 Die Zutaten vor der Zubereitung auf Zimmertemperatur bringen. Die Butter zum Einfetten der Gugelhupfformen in einem Topf schmelzen, jedes Einzelne der kleinen Förmchen mit einem Küchenpinsel ausstreichen und leicht mit Mehl bestäuben. Den Backofen auf 210 °C Ober-/Unterhitze vorheizen.

2 Butter schmelzen und mit dem Puderzucker sehr schaumig schlagen. Das Ei mit dem Eigelb und Vanillinzucker einrühren und zu einer cremigen Masse verarbeiten. Den Zitronenabrieb mit dem gesiebten Mehl, den Nüssen und der Buttermilch unterheben.

3 Die Stachelbeeren waschen und abtropfen lassen. Mit einem Messer klein hacken und in Kristallzucker wälzen. Weiße Schokolade mit einem Messer fein hacken, das Baiser zerbröseln und mit den Stachelbeeren in den Teig einrühren.

4 Teig mit einem Spritzbeutel in die Gugelhupfformen füllen und im vorgeheizten Backofen im unteren Drittel ca. 15 Minuten backen. Anschließend aus dem Ofen nehmen, abkühlen lassen und herauslösen.

Tipp **Baiser lässt sich auch sehr einfach selbst herstellen. Den Ofen auf 60 °C Umluft vorheizen. 2 Eiweiß steif schlagen. Unter Rühren langsam 1 Prise Salz und 65 Gramm Zucker einrieseln lassen und kräftig rühren, bis die Masse fest ist. In einen Spritzbeutel füllen, auf ein mit Backpapier belegtes Blech kleine Röschen spritzen und ca. 3 Stunden im Ofen trocknen lassen.**

Für etwa 18 Gugl

20 g Butter und Mehl für die Form
50 g Butter
50 g Puderzucker
1 Ei
1 Eigelb
¼ TL Vanillinzucker
½ TL Abrieb einer Biozitrone
50 g Mehl
30 g gemahlene Haselnüsse
60 g Buttermilch
15 g Stachelbeeren
etwas weißer Kristallzucker
25 g weiße Schokolade
30 g Baiser

Zubereitungszeit etwa 25 Minuten plus Backzeit

Dieses Rezept finden Sie auf Seite 22 abgebildet.

Gugl Eierlikör-Kokos-Cranberry

Für Suhur aus Köln bedeutet das Lächeln eines geliebten Menschen nach einer positiven Überraschung das kleine Glück. Sehr gerne bringt sie auch jemanden mit einem kleinen, köstlichen Gugl zum Lächeln.

Für etwa 18 Gugl

- 20 g Butter und Mehl für die Form
- 50 g Butter
- 50 g Puderzucker
- 1 Messerspitze Vanillinzucker
- 1 Ei
- 1 Eigelb
- 40 g gemahlene Mandeln
- 40 g Mehl
- 80 ml Eierlikör
- 10 g Kokosflocken
- 10 g getrocknete Cranberrys
- 5 g Schokolade

Zubereitungszeit etwa 20 Minuten plus Backzeit

1 Die Zutaten vor der Zubereitung auf Zimmertemperatur bringen. Die Butter zum Einfetten der Gugelhupfformen in einem Topf schmelzen, jedes Einzelne der kleinen Förmchen mit einem Küchenpinsel ausstreichen und leicht mit Mehl bestäuben. Den Backofen auf 210 °C Ober-/Unterhitze vorheizen.

2 Weiche Butter mit Puder- und Vanillinzucker mischen und sehr cremig schlagen. Das Ei und das Eigelb zugeben und mit dem Schneebesen zu einer homogenen Masse verrühren.

3 Die Mandeln in einer heißen Pfanne anrösten, bis sie zu duften beginnen. Das Mehl sieben und mit den abgekühlten Mandeln unter den Teig heben. Den Eierlikör langsam unterrühren und mit den Kokosflocken in die Masse einfließen lassen. Cranberrys und Schokolade mit einem Messer klein hacken und in den Teig rühren.

4 Teig mit einem Spritzbeutel in die Gugelhupfformen füllen und im vorgeheizten Backofen im unteren Drittel ca. 15 Minuten backen. Anschließend aus dem Ofen nehmen, abkühlen lassen und herauslösen.

Tipp **Ein wenig Abrieb einer Zitronenschale sorgt bei diesem Rezept für ein sehr angenehmes Aroma. Hierbei jedoch beim Dosieren aufpassen: Die Zitrone ist im Geschmack sehr dominant. Vorsicht ist auch beim Abreiben der Schale geboten: Nicht das Weiße der Schale mit in den Teig rühren, da er sonst einen bitteren Geschmack annimmt.**

Gugl Mokka-Walnuss

Für Anja aus München ist das kleine Glück die Sonne, die sie morgens wach kitzelt. In dieser genießt sie dann sehr gerne einen kleinen leckeren Gugl mit einer guten Tasse Kaffee.

1 Die Zutaten vor der Zubereitung auf Zimmertemperatur bringen. Die Butter zum Einfetten der Gugelhupfformen in einem Topf schmelzen, jedes Einzelne der kleinen Förmchen mit einem Küchenpinsel ausstreichen und leicht mit Mehl bestäuben. Den Backofen auf 210 °C Ober-/Unterhitze vorheizen.

2 Den gesiebten Puderzucker und das Vanillemark zur weichen Butter geben und zu einer cremigen Masse schlagen. Das Ei und das Eigelb mit dem Schneebesen einrühren.

3 Die gemahlenen Walnüsse in einer heißen Pfanne etwas schwenken, bis ein gutes Aroma entsteht. Gehackte Walnüsse mit ein wenig Honig anrösten. Das Mehl sieben und mit den abgekühlten Nüssen unter die Butter-Eier-Masse heben. Orangenabrieb zugeben. Die Zartbitter- mit der Vollmilchschokolade klein raspeln, mit dem Kaffeepulver in lauwarmer Milch auflösen und in den Teig einrühren.

4 Teig mit einem Spritzbeutel in die Gugelhupfformen füllen und im vorgeheizten Backofen im unteren Drittel ca. 15 Minuten backen. Anschließend aus dem Ofen nehmen, abkühlen lassen und herauslösen.

Tipp **Wenn man bei diesem Gugl anstatt der Vollmilch- und Zartbitterschokolade weiße Schokolade verwendet, ist der Gugl an sich noch süßer, jedoch harmoniert diese Süße ganz fantastisch mit den Walnüssen.**

Für etwa 18 Gugl

20 g Butter und Mehl für die Form
50 g Puderzucker
Mark von ¼ Vanilleschote
50 g Butter
1 Ei
1 Eigelb
20 g gemahlene Walnüsse
15 g gehackte Walnüsse
1 TL Honig
60 g Mehl
¼ TL Abrieb einer Bioorange
10 g Zartbitterschokolade
20 g Vollmilchschokolade
1 EL lösliches Kaffeepulver
35 ml Milch

Zubereitungszeit etwa 30 Minuten plus Backzeit

Gugl Joghurt-Honig-Nuss

Die Münchnerin Marlene liebt es, ihren Tag mit einem wertvollen und gesunden Müsli zu starten. Für sie bedeutet das kleine Glück, ihr Leben gemeinsam mit ihren Liebsten genießen zu dürfen, und sie teilt auch gerne diesen köstlichen Gugl mit ihnen.

Für etwa 18 Gugl

20 g Butter und Mehl für die Form
¼ Vanilleschote
50 g Butter
50 g Puderzucker
1 großes Ei
1 Prise Salz
10 g Haselnüsse
etwas Butter zum Anrösten
50 g Mehl
30 g gemahlene Haselnüsse
15 g Zartbitterschokolade
20 g Honig
65 g Naturjoghurt

Zubereitungszeit etwa 20 Minuten plus Backzeit

1 Die Zutaten vor der Zubereitung auf Zimmertemperatur bringen. Die Butter zum Einfetten der Gugelhupfformen in einem Topf schmelzen, jedes Einzelne der kleinen Förmchen mit einem Küchenpinsel ausstreichen und leicht mit Mehl bestäuben. Den Backofen auf 210 °C Ober-/Unterhitze vorheizen.

2 Die Vanilleschote längs aufschneiden und vorsichtig das Mark mit einem Messerrücken aus der Schote kratzen. Das Mark gemeinsam mit der Butter zerlassen. Den gesiebten Puderzucker zugeben und zu einer cremigen Masse schlagen. Das Ei und das Salz mit dem Schneebesen einrühren.

3 Die Haselnüsse mit einem Messer klein hacken, in ein wenig Butter anrösten und abkühlen lassen. Das Mehl sieben und mit den gemahlenen Haselnüssen unter die Masse heben. Die Zartbitterschokolade fein raspeln und mit dem Honig, dem Joghurt und den abgekühlten gerösteten Haselnüssen in den Teig einrühren.

4 Teig mit einem Spritzbeutel in die Gugelhupfformen füllen und im vorgeheizten Backofen im unteren Drittel ca. 15 Minuten backen. Anschließend aus dem Ofen nehmen, abkühlen lassen und herauslösen.

Tipp **Bei diesem Rezept können anstatt der Haselnüsse auch genauso gut Mandeln verwendet werden.**

Gugl Früchte-Champagner

Champagnerplausch mit Gugl-Schmaus mit den Mädels ist das kleine Glück auf Erden für Gina aus Frankfurt. Dieser himmlische Gugl mit Champagner eignet sich (nicht nur) hervorragend für amüsante Mädelsabende.

1 Die Zutaten vor der Zubereitung auf Zimmertemperatur bringen. Die Butter zum Einfetten der Gugelhupfformen in einem Topf schmelzen, jedes Einzelne der kleinen Förmchen mit einem Küchenpinsel ausstreichen und leicht mit Mehl bestäuben. Den Backofen auf 210 °C Ober-/Unterhitze vorheizen.

2 Den Rhabarber waschen, schälen und in sehr kleine Würfel schneiden. Mit Himbeersirup und 2 Esslöffeln Champagner tränken und abgedeckt ein paar Stunden ziehen lassen.

3 Weiche Butter mit dem Puderzucker schaumig schlagen. Das Ei und das Eigelb zugeben und sehr cremig rühren.

4 Die weiße Kuvertüre im Wasserbad schmelzen, die Sahne einrühren und etwas abkühlen lassen. In der Zwischenzeit das Mehl mit den Mandeln mischen und unter die Butter-Eier-Masse heben. Zuerst die weiße Schokolade einrühren, dann den eingelegten Rhabarber zugeben und verrühren. Zuletzt den Champagner einfließen lassen und wegen der Kohlensäure zügig verrühren.

5 Teig mit einem Spritzbeutel in die Gugelhupfformen füllen und im vorgeheizten Ofen im unteren Drittel ca. 20 Minuten backen. Anschließend herausnehmen, abkühlen lassen und herauslösen.

Tipp **Wer keinen Champagner verwenden möchte, kann auch einen guten Sekt öffnen und einen halben Teelöffel Abrieb einer Orangenschale als zusätzliche Geschmacksnote hinzugeben.**

Für etwa 18 Gugl

20 g Butter und Mehl für die Form
30 g Rhabarber
1 EL Himbeersirup
2 EL Champagner
50 g Butter
50 g Puderzucker
1 Ei
1 Eigelb
50 g weiße Kuvertüre
1 EL Sahne
60 g Mehl
20 g gemahlene Mandeln
80 ml Champagner

Zubereitungszeit etwa 20 Minuten plus Einlege- und Backzeit

Dieses Rezept finden Sie auf Seite 2 abgebildet.

Gugl Mango-Kokos

Die Gerüche der Jahreszeiten und eine wohlbekannte Umgebung sind für Marie aus London das kleine Glück. »Und man möchte zum Marienkäfer werden, um in dem Meer der Wohlgerüche herumzuschweben.« (Goethe)

Für etwa 18 Gugl

20 g Butter und Mehl für die Form
50 g Butter
50 g Puderzucker
1 Ei
1 Eigelb
50 g Mangofruchtfleisch
40 g Vollmilchkuvertüre
2 EL Mangosaft
60 g Mehl
15 g Kokosflocken
10 g Schokoladensplitter

Für den Guss

50 g Schokolade
25 g Kokosflocken

Zubereitungszeit etwa 25 Minuten plus Backzeit

1 Die Zutaten vor der Zubereitung auf Zimmertemperatur bringen. Die Butter zum Einfetten der Gugelhupfformen in einem Topf schmelzen, jedes Einzelne der kleinen Förmchen mit einem Küchenpinsel ausstreichen und leicht mit Mehl bestäuben. Den Backofen auf 210 °C Ober-/Unterhitze vorheizen.

2 Die Butter schmelzen und mit dem Puderzucker sehr cremig schlagen. Das Ei und das Eigelb mit dem Schneebesen kräftig einrühren. 30 Gramm der Mango mithilfe einer Gabel pürieren, die restlichen 20 Gramm in kleine Würfel schneiden und beiseitestellen. Die Vollmilchkuvertüre in einem Wasserbad schmelzen und vorsichtig den Mangosaft einrühren. Etwas abkühlen lassen und mit der Butter-Ei-Masse verrühren.

3 Das Mehl sieben und mit den Kokosflocken unter die Masse heben. Die pürierte Mango sowie die Mangowürfel gemeinsam mit den Schokoladensplittern in den Teig einrühren.

4 Teig mit einem Spritzbeutel in die Gugelhupfformen füllen und im vorgeheizten Backofen im unteren Drittel ca. 15 Minuten backen. Anschließend aus dem Ofen nehmen, abkühlen lassen und herauslösen.

Tipp **Anstatt dunkler oder Vollmilchschokolade harmonieren Mango und Kokos auch wunderbar mit weißer Schokolade. Zum Dekorieren die Schokolade im Wasserbad schmelzen, mit einem Teelöffel über die Gugl träufeln und diese mit Kokosflocken bestreuen.**

Gugl Trüffel-Himbeere

Wenn der erste Schnee fällt und die Welt auf einmal ganz weiß glitzert, ist das für Anna-Verena aus Brühl bei Köln das kleine Glück. Für Feinschmecker ist dieser besondere Gugl allerdings nicht nur in der kalten Jahreszeit zu genießen.

1 Die Zutaten vor der Zubereitung auf Zimmertemperatur bringen. Die Butter zum Einfetten der Gugelhupfformen in einem Topf schmelzen, jedes Einzelne der kleinen Förmchen mit einem Küchenpinsel ausstreichen und leicht mit Mehl bestäuben. Den Backofen auf 210 °C Ober-/Unterhitze vorheizen.

2 Die Zartbitterkuvertüre und den Nougat schmelzen und abkühlen lassen. Weiche Butter mit Puderzucker, Rum und Zimt cremig verrühren. Das Ei trennen, das Eiweiß steif schlagen und kühl stellen, das Eigelb unter die Buttermasse rühren.

3 Das Mehl und die geschmolzene Schokolade in die Masse einrühren. Den Eischnee unterheben. Die Himbeeren mit einer Gabel leicht zerdrücken oder pürieren und in den Teig einrühren.

4 Teig mit einem Spritzbeutel in die Gugelhupfformen füllen und im vorgeheizten Backofen im unteren Drittel ca. 15 Minuten backen. Anschließend aus dem Ofen nehmen, abkühlen lassen und herauslösen.

Tipp **Sind die Gugl abgekühlt, empfiehlt es sich, sie mit einer köstlichen Glasur zu versehen. Hierfür die weiße Kuvertüre in einem Wasserbad schmelzen und etwas Vollmilch einrühren. Die Gugl eintunken und kurz abtropfen lassen oder einfach mithilfe eines Teelöffels hübsch beträufeln.**

Für etwa 18 Gugl

- 20 g Butter und Mehl für die Form
- 30 g Zartbitterkuvertüre
- 20 g Nougat
- 75 g Butter
- 75 g Puderzucker
- 1 EL Rum
- 5 g Zimtpulver
- 1 Ei
- 75 g Mehl
- 70 g frische Himbeeren

Für die Glasur

- 100 g weiße Kuvertüre
- 10 ml Vollmilch

Zubereitungszeit etwa 25 Minuten plus Backzeit

Kids Club

Das Backen und anschließende Genießen führt normalerweise bei den Menschen zu guter Laune. Mehr noch, wenn es dabei um Gugl geht. Bei Kindern jeden Alters kann diese gute Laune weiter gesteigert werden bis hin zu ausgelassener Fröhlichkeit. Die witzigen und überraschenden Rezepte dafür haben wir im folgenden Kapitel zusammengestellt. Mit Unterstützung der berühmten Spaßmacher Rote-Bete-Saft, rosa Marshmallows und Smarties in allen Farben. Werden Sie Mitglied im lustigsten Club: dem Gugl Kids Club.

Gugl Weiße Schokolade-Crisp

Für Kathi aus Obermenzing bedeutet das kleine Glück, mit jemandem lachen zu können. Sie liebt weiße Schokolade mit Crisp schon seit ihren Kindertagen über alles, deshalb macht sie dieser Gugl sehr glücklich.

Für etwa 18 Gugl

20 g Butter und Mehl für die Form
50 g Butter
50 g Puderzucker
½ TL Vanillinzucker
1 Ei
1 Eigelb
30 g gemahlene Mandeln
50 g Mehl
25 g Cornflakes
50 g weiße Schokolade
15 ml Milch
1 TL Honig

Für den Guss

50 g weiße Schokolade
1 TL Honig

Zubereitungszeit etwa 20 Minuten plus Backzeit

Dieses Rezept finden Sie auf Seite 36 abgebildet.

1 Die Zutaten vor der Zubereitung auf Zimmertemperatur bringen. Die Butter zum Einfetten der Gugelhupfformen in einem Topf schmelzen, jedes Einzelne der kleinen Förmchen mit einem Küchenpinsel ausstreichen und leicht mit Mehl bestäuben. Den Backofen auf 210 °C Ober-/Unterhitze vorheizen.

2 Butter schmelzen, mit dem Puderzucker cremig schlagen und Vanillinzucker einrühren. Das Ei und das Eigelb zugeben und alles zu einer schaumigen Masse verrühren.

3 Die Mandeln kurz in einer heißen Pfanne anrösten, bis sie zu duften anfangen, dann abkühlen lassen. Mehl und Mandeln unter die Masse heben. Die Cornflakes etwas zerbröseln. Die weiße Schokolade im Wasserbad schmelzen, lauwarme Milch und Cornflakes einrühren und den Honig zugeben. Etwas abkühlen lassen und in den Teig rühren.

4 Teig mit einem Spritzbeutel in die Gugelhupfformen füllen und im vorgeheizten Backofen im unteren Drittel ca. 15 Minuten backen. Anschließend aus dem Ofen nehmen, abkühlen lassen und herauslösen.

Tipp **Auf diese Gugl passt ein leckerer Guss aus weißer Schokolade und Honig. Hierfür die weiße Schokolade in einem Wasserbad auflösen, den Honig einrühren und die abgekühlten Gugl damit überziehen.**

Gugl Smarties

Für Cornelia aus Baden-Baden liegt das Glück in den kleinen Dingen. Der erste Sonnenstrahl, der morgens die Nase kitzelt. Vogelzwitschern vor dem Fenster. Der Kuss einfach so zwischendurch. Das Lachen eines Kindes – und ganz besonders anderen eine Freude machen.

1 Die Zutaten vor der Zubereitung auf Zimmertemperatur bringen. Die Butter zum Einfetten der Gugelhupfformen in einem Topf schmelzen, jedes Einzelne der kleinen Förmchen mit einem Küchenpinsel ausstreichen und leicht mit Mehl bestäuben. Den Backofen auf 210 °C Ober-/Unterhitze vorheizen.

2 Die Vanilleschote längs aufschneiden und das Mark vorsichtig mit einem Messerrücken herauskratzen. Die Butter schmelzen und mit dem Vanillemark und dem Puderzucker schaumig schlagen. Das Ei hinzugeben und alles cremig rühren.

3 Das Mehl sieben und unter die Masse heben. Die Sahne steif schlagen und vorsichtig unter den Teig heben. Zuletzt die kleinen Schokolinsen unterrühren.

4 Teig mit einem Spritzbeutel in die Gugelhupfformen füllen und im vorgeheizten Backofen im unteren Drittel ca. 15 Minuten backen. Anschließend aus dem Ofen nehmen, abkühlen lassen und herauslösen.

Tipp **Es ist ratsam, die Schokolinsen mit einem Küchenmesser zu halbieren, dann passen sie besser durch die Öffnung des Spritzbeutels.**

Für etwa 18 Gugl

20 g Butter und Mehl für die Form

1 Vanilleschote

50 g Butter

50 g Puderzucker

1 mittelgroßes Ei

80 g Mehl

20 g Sahne

65 g Schokolinsen (Mini-Smarties)

Zubereitungszeit etwa 20 Minuten plus Backzeit

Dieses Rezept finden Sie auf Seite 36 abgebildet.

Gugl Schoko-Marshmallows

Für Klaus aus Berlin bedeutet das Glück, wenn für einen Moment einfach alles stimmt: die Partnerin, der Blick, der Scherz, der Wein, der Kontostand, die Raumtemperatur und gerne auch der Gugl.

Für etwa 18 Gugl

- 20 g Butter und Mehl für die Form
- 65 g weiße Schokolade
- 1 EL Sahne
- 50 g Butter
- 40 g Puderzucker
- ½ TL Abrieb einer Biozitrone
- 1 Ei
- 1 Eigelb
- 2–3 große rosa Marshmallows
- 75 g Mehl

Zubereitungszeit etwa 20 Minuten plus Backzeit

1 Die Zutaten vor der Zubereitung auf Zimmertemperatur bringen. Die Butter zum Einfetten der Gugelhupfformen in einem Topf schmelzen, jedes Einzelne der kleinen Förmchen mit einem Küchenpinsel ausstreichen und leicht mit Mehl bestäuben. Den Backofen auf 210 °C Ober-/Unterhitze vorheizen.

2 Weiße Schokolade schmelzen, die Sahne einrühren und abkühlen lassen. Die Butter schmelzen und mit dem Puderzucker und dem Abrieb der Zitronenschale (Vorsicht! Nicht das Weiße mit abreiben, sonst wird der Teig bitter) cremig schlagen. Das Ei, das Eigelb und die geschmolzene Schokolade zugeben und alles gut verrühren.

3 Die Marshmallows in sehr kleine Würfel schneiden und mit dem Mehl in die Masse einarbeiten.

4 Teig mit einem Spritzbeutel in die Gugelhupfformen füllen und im vorgeheizten Backofen im unteren Drittel ca. 15 Minuten backen. Anschließend aus dem Ofen nehmen, abkühlen lassen und herauslösen.

Tipp **Mädchen lieben bekanntlich alles, was rosa ist, doch die Jungs können sich an diesem lustigen Gugl-Rezept mindestens genauso erfreuen. Marshmallows gibt es nämlich in allen bunten Farben des Regenbogens.**

& NORWICH MADE IN ENGLAND

Gugl Apfel-Butterkeks

Tina aus Darmstadt ist Pilotin und immer viel in der Weltgeschichte unterwegs. Sie findet, das kleine Glück ist ein großes Stück Heimat.

Für etwa 18 Gugl

20 g Butter und Mehl für die Form
30 g Vollmilchschokolade
50 g Butter
50 g Puderzucker
1 Ei
½ TL Bourbonvanillepulver
30 g Butterkekse
1 TL Zucker
50 g Mehl
50 g Apfelmus

Zubereitungszeit etwa 20 Minuten plus Backzeit

1 Die Zutaten vor der Zubereitung auf Zimmertemperatur bringen. Die Butter zum Einfetten der Gugelhupfformen in einem Topf schmelzen, jedes Einzelne der kleinen Förmchen mit einem Küchenpinsel ausstreichen und leicht mit Mehl bestäuben. Den Backofen auf 210 °C Ober-/Unterhitze vorheizen.

2 Die Vollmilchschokolade im Wasserbad schmelzen und auf Zimmertemperatur abkühlen lassen. Die Butter schmelzen und mit dem Puderzucker und der geschmolzenen Schokolade zu einer cremigen Masse verrühren. Das Ei und das Bourbonvanillepulver einrühren.

3 Die Butterkekse fein zerbröseln und mit dem Zucker vermengen. Das Mehl mit den Butterkeksbröseln unter die Masse heben und das Apfelmus einrühren.

4 Teig mit einem Spritzbeutel in die Gugelhupfformen füllen und im vorgeheizten Backofen im unteren Drittel ca. 15 Minuten backen. Anschließend aus dem Ofen nehmen, abkühlen lassen und herauslösen.

Tipp **Ein wenig extra Apfelmus zum Servieren in einem Topf erwärmen, auf einem Teller anrichten und einen der Gugl darauf platzieren. Mit ein wenig Zimt-Zucker bestreuen – und fertig ist ein köstlicher Nachtisch für große und kleine Kinder.**

Gugl Kinderkakao

Für Nicolas bedeutet das kleine Glück, mit guten Freuden auf seinem Balkon den Ausblick über die Dächer Münchens zu genießen. Bei einer Partie Rommé und diesen köstlichen Kakao-Gugl erinnert man sich gerne wieder an die Kindertage.

1 Die Zutaten vor der Zubereitung auf Zimmertemperatur bringen. Die Butter zum Einfetten der Gugelhupfformen in einem Topf schmelzen, jedes Einzelne der kleinen Förmchen mit einem Küchenpinsel ausstreichen und leicht mit Mehl bestäuben. Den Backofen auf 200 °C Ober-/Unterhitze vorheizen.

2 Den Mascarpone und die Milch erwärmen und mit einem Schneebesen verquirlen, bis eine glatte Masse entstanden ist, dann das Kakaopulver einrühren und beiseitestellen.

3 Die Butter schmelzen und mit dem Puderzucker und dem Bourbonvanillepulver cremig schlagen. Dann das Ei einrühren. Anschließend das Mehl mit den gemahlenen Haselnüssen unter den Teig heben und die Mascarponecreme einrühren.

4 Teig mit einem Spritzbeutel in die Gugelhupfformen füllen und im vorgeheizten Backofen im unteren Drittel ca. 15 Minuten backen. Anschließend aus dem Ofen nehmen, abkühlen lassen und herauslösen.

Tipp **Zu diesen Gugl passt es ganz wunderbar, sie mit einem Klecks des weißen Schokoladenschaums (von Seite 52) zu versehen.**

Für etwa 18 Gugl

20 g Butter und Mehl für die Form
60 g Mascarpone
2 EL Milch
1 ½ TL Kakaopulver
50 g Butter
50 g Puderzucker
½ TL Bourbonvanillepulver
1 Ei
50 g Mehl
30 g gemahlene Haselnüsse

Zubereitungszeit etwa 25 Minuten plus Backzeit

Dieses Rezept finden Sie auf Seite 2 abgebildet.

Gugl Bananensplit

Was schon der Schauspieler Heinz Rühmann sagte, findet auch Steffi: »Das Lächeln ist das Kleingeld des Glücks.« Mit diesem originellen Gugl bringt man nicht nur Kinder zum Lächeln.

Für etwa 18 Gugl

20 g Butter und Mehl für die Form
50 g Butter
50 g Puderzucker
1 Ei
50 g Mehl
30 g gemahlene Mandeln
50 g Banane
1 EL Sahne
30 g Schokolade

Für die Dekoration

50 g Schokolade
9 kandierte Maraschinokirschen

Zubereitungszeit etwa 25 Minuten plus Backzeit

1 Die Zutaten vor der Zubereitung auf Zimmertemperatur bringen. Die Butter zum Einfetten der Gugelhupfformen in einem Topf schmelzen, jedes Einzelne der kleinen Förmchen mit einem Küchenpinsel ausstreichen und leicht mit Mehl bestäuben. Den Backofen auf 210 °C Ober-/Unterhitze vorheizen.

2 Weiche Butter mit dem Puderzucker schaumig schlagen. Das Ei zugeben und alles sehr cremig rühren.

3 Das Mehl mit den gemahlenen Mandeln mischen und unter die Masse heben. Die Banane mit einer Gabel zerdrücken und die Sahne einrühren. Die Schokolade mit einem Messer in kleine Stücke hacken und mit der Bananenmischung in den Teig einrühren.

4 Teig mit einem Spritzbeutel in die Gugelhupfformen füllen und im vorgeheizten Backofen im unteren Drittel ca. 15 Minuten backen. Anschließend aus dem Ofen nehmen, abkühlen lassen und herauslösen.

5 Für die Dekoration dieser köstlichen Gugl die Schokolade unter Rühren in einem Wasserbad schmelzen. Die Spitzen der abgekühlten Gugl darin eintauchen und auf einem Kuchengitter trocknen lassen. Die kandierten Maraschinokirschen jeweils halbieren und je eine der Hälften auf einen Gugl setzen.

Gugl Vanille-Maracuja

Alice kommt eigentlich aus Paris und könnte sich schon seit ihrer Kindheit nur von Süßigkeiten ernähren. Für sie bedeutet das kleine Glück, immer etwas Süßes dabeizuhaben, denn dann wird das Leben selbst viel süßer. Dieses Rezept erinnert sie an ihr Lieblingseis.

Für etwa 18 Gugl

20 g Butter und Mehl für die Form
20 g weiße Schokolade
50 g Butter
50 g Puderzucker
½ TL Bourbonvanillepulver
60 g Mascarpone
3 EL Maracujanektar
1 EL Vanillepuddingpulver
70 g Mehl

Für den Guss

50 ml Maracujanektar
1 TL Puderzucker

Zubereitungszeit etwa 35 Minuten plus Backzeit

1 Die Zutaten vor der Zubereitung auf Zimmertemperatur bringen. Die Butter zum Einfetten der Gugelhupfformen in einem Topf schmelzen, jedes Einzelne der kleinen Förmchen mit einem Küchenpinsel ausstreichen und leicht mit Mehl bestäuben. Den Backofen auf 210 °C Ober-/Unterhitze vorheizen.

2 Die weiße Schokolade mit einem Messer zerkleinern, zusammen mit der Butter unter ständigem Rühren in einem Wasserbad schmelzen, bis sich die Schokolade aufgelöst hat (Vorsicht! Nicht zum Kochen bringen), abkühlen lassen und mit dem Schneebesen sehr schaumig schlagen. Den Puderzucker und das Bourbonvanillepulver zugeben und alles cremig rühren.

3 Den Mascarpone etwas erwärmen und mit dem Maracujanektar verquirlen. Dann das Vanillepuddingpulver einrühren, bis die Masse klumpenfrei ist, und in den Teig einrühren. Das Mehl unterheben.

4 Teig mit einem Spritzbeutel in die Gugelhupfformen füllen und im vorgeheizten Backofen im unteren Drittel ca. 15 Minuten backen. Anschließend aus dem Ofen nehmen, abkühlen lassen und herauslösen.

Tipp **Um die Gugl noch etwas saftiger zu machen und ihnen extra Aroma zu verleihen, kann man etwas extra Maracujanektar leicht erwärmen und mit Puderzucker verrühren. Mithilfe eines Esslöffels die noch warmen Gugl damit tränken.**

SHOPPING
Ribbon

to Emma
from

Schlumpf-Gugl

Alle Dinge, die einen überraschen – ein Anruf von einem alten Freund, ein gemaltes Bild von einem Kind, ein Strauß Blumen ohne Anlass –, all dies bedeutet das kleine Glück für Kim. Von ihr stammt dieses lustige Rezept, das Kinder lieben werden.

1 Die Zutaten vor der Zubereitung auf Zimmertemperatur bringen. Die Butter zum Einfetten der Gugelhupfformen in einem Topf schmelzen, jedes Einzelne der kleinen Förmchen mit einem Küchenpinsel ausstreichen und leicht mit Mehl bestäuben. Den Backofen auf 210 °C Ober-/Unterhitze vorheizen.

2 Butter schmelzen, mit dem Puderzucker cremig schlagen, das Ei zugeben und alles zu einer schaumigen Masse verrühren. Etwas Zitronensaft zusammen mit dem Abrieb und dem Zitronenjoghurt in den Teig rühren.

3 Das Mehl unterheben, die weiße Schokolade mit einem Messer fein hacken und mit einem Tropfen blaue Lebensmittelfarbe gut in die Masse einrühren.

4 Teig mit einem Spritzbeutel in die Gugelhupfformen füllen und im vorgeheizten Backofen im unteren Drittel ca. 15 Minuten backen. Anschließend aus dem Ofen nehmen, abkühlen lassen und herauslösen.

Tipp **Wer kein Fan von Lebensmittelfarbe ist, kann das Schlumpfblau auch weglassen, da es geschmacksneutral ist und somit im Rezept nichts verändert. Anstatt Zitronenjoghurt kann man auch ganz klassischen Naturjoghurt verwenden. In diesem Fall empfiehlt es sich jedoch, die Menge der Zitronenschale und des Zitronensafts zu verdoppeln.**

Für etwa 18 Gugl

20 g Butter und Mehl für die Form
60 g Butter
60 g Puderzucker
1 Ei
etwas Zitronensaft
½ TL Abrieb einer Biozitrone
50 g Zitronenjoghurt
80 g Mehl
20 g weiße Schokolade
etwas blaue Biolebensmittelfarbe

Zubereitungszeit etwa 20 Minuten plus Backzeit

Gugl hoch zwei

Der Gugl allein ist ein perfekter Genuss. Wenn er aber mit Sauce, Eis, Schaum oder Likör abgeschmeckt wird, dann potenziert sich das Vergnügen. So machen Sie aus dem kleinen Glück ein wunderbares Dessert, das nicht nur ungewöhnlich gut schmeckt, sondern mit ein wenig Geschick auch enorm gut aussehen kann. Lassen Sie Ihrer Fantasie beim Anrichten freien Lauf – Sie wissen ja, unser Kleiner ist schon von Haus aus ein Kunstwerk.

Weißer Schokoladenschaum

Petra aus Dorfen steht absolut auf alle Arten von Cremes und serviert diesen himmlischen Schaum immer gerne zu kleinen köstlichen Schoko-Gugl. Für sie bedeutet das kleine Glück, wenn die Familie in Einklang ist. Dies gelingt mit dieser Nachspeise sicher immer gut.

Für etwa 4 Portionen

½ Vanilleschote
150 g Sahne
100 g weiße Schokolade
80 g Mascarpone

Zubereitungszeit etwa 15 Minuten

1 Die Vanilleschote längs aufschneiden und mit einem Messerrücken vorsichtig das Mark herauskratzen. Die Sahne steif schlagen – nicht ganz fest, sondern in einen cremigen Zustand bringen. 80 Gramm der weißen Kuvertüre im Wasserbad schmelzen und das Vanillemark einrühren. Anschließend den Mascarpone unterziehen.

2 Die restlichen 20 Gramm der weißen Schokolade sehr fein raspeln und gemeinsam mit der Sahne unter die Creme heben.

Tipp **Der weiße Schokoladenschaum ist sehr lecker, wenn man ihn auf frischen Früchten der Saison drapiert. Eine weitere köstliche Möglichkeit der Verfeinerung ist es, Lieblingsfrüchte auszuwählen, diese mit dem Pürierstab zu pürieren und gemeinsam mit der Schokolade unter die Creme zu rühren. Hierfür eignen sich auch sehr gut tiefgefrorene Beeren wie Himbeeren, Erdbeeren oder Waldbeeren. Am besten in Kombination mit den Trüffel-Himbeer-Gugl (von Seite 35) servieren.**

Dieses Rezept finden Sie auf Seite 50 abgebildet.

Schokomousse mit frischer Minze

Das kleine Glück ist ein geschenktes Lächeln vom richtigen Menschen, das Tauchen in Wasser oder der Vogel vor meinem Fenster, der immer wieder das gleiche Lied trällert, findet die liebe Lea aus München.

1 Die Eier trennen und das Eiweiß steif schlagen. Die Sahne ebenfalls steif schlagen und beides kühl stellen. Das Eigelb mit dem Zucker schaumig schlagen. Die Schokolade im Wasserbad schmelzen und die Eigelb-Zucker-Mischung einrühren. Die Blattgelatine nach Anleitung auflösen und schmelzen, dann in die Schokoladenmasse rühren.

2 Frische Minzblätter waschen und mit einem Messer sehr fein hacken. Zusammen mit dem Sirup, der kühl gestellten Sahne und dem Eischnee vorsichtig verrühren. Vor dem Servieren noch mal kalt stellen.

Tipp **Anstatt der Minze lässt sich das Schokomousse auch sehr gut mit anderen Gewürzen kombinieren. Es eignen sich beispielsweise hervorragend Chili, Ingwer oder Zimt.**
Zum Dekorieren ist es hübsch, ein wenig extra Schokolade fein zu hobeln und über das Mousse zu streuen. Zudem noch ein Minzblatt darauflegen und mit Schoko-Gugl nach Wahl servieren.

Dieses Rezept finden Sie auf Seite 50 abgebildet.

Für etwa 4 Portionen

2 Eier
250 g Sahne
30 g Zucker
80 g Zartbitterschokolade
1–2 Blatt Gelatine
15 g frische Minzblätter
1 TL Minzsirup

Zubereitungszeit
etwa 20 Minuten

Schokoladenlikör

Für Joanna bedeutet das kleine Glück, wenn ihr Freund Schokolade und Blumen mit nach Hause bringt und sie einen verregneten Tag gemütlich gemeinsam zu Hause verbringen.

Für etwa 1/2 Liter

50 g Vollmilchkuvertüre
30 g Zucker
25 g Kakaopulver
50 ml kaltes Wasser
250 g Sahne
1 EL Honig
150 ml Rum

Zubereitungszeit etwa 20 Minuten

1 Die Schokolade im Wasserbad schmelzen. Den Zucker mit dem Kakaopulver vermischen und das kalte Wasser mit einem Schneebesen einrühren. Die Sahne unter ständigem Rühren aufkochen und die Zucker-Kakao-Mischung einrühren. Den Honig in die geschmolzene Kuvertüre einrühren, zur Sahnemischung geben und abkühlen lassen.

2 Den Rum in die Mischung einrühren und alles pürieren. Den Likör in eine Flasche abfüllen und an einem dunklen und kühlen Ort lagern.

Tipp Den Likör zwar an einem kühlen Ort, jedoch lieber nicht im Kühlschrank lagern. Kurz vor dem Einfüllen in Gläschen zum Servieren nochmals gut durchschütteln.
Anstatt mit Rum kann man diesen Schokoladenlikör übrigens auch genauso gut mit Wodka herstellen. Am besten serviert man dazu etwas geschmacklich Klassisches wie den Gugl Marmor oder den Gugl Stracciatella. Zur Verfeinerung einiger Gugl-Rezepte eignet sich der Likör auch hervorragend zum Mitbacken.

PARIS

Schoko-Champagnercreme

Für Vicky ist das kleine Glück die Freude an Blumen auf dem Küchentisch. Ein langer Spaziergang an der Isar. Früh morgens aufwachen, sich noch einmal umdrehen können, macht sie mindestens so glücklich wie diese köstliche Champagnercreme.

1 Das Eiweiß mit etwa 5 Gramm Zucker steif schlagen und kühl stellen. Die Sahne ebenfalls steif schlagen und kühl stellen. Die Gelatine in Wasser einweichen.

2 Die Eigelbe mit dem restlichen Zucker, Vanillinzucker und dem Abrieb der Zitronenschale in einem Wasserbad mit warmem (nicht kochend heißem) Wasser zu einer schaumigen Masse schlagen. Die Gelatine nach Anweisung in einem Topf auflösen, mit dem Quark verrühren und vorsichtig in die Eiermasse einrühren.

3 Die steif geschlagene Sahne mit dem Eiweiß vorsichtig unter die abgekühlte Creme heben und langsam den Champagner oder Sekt einrühren. Zuletzt noch die Zartbitterschokolade mit einem Messer fein hacken und unterheben.

Tipp **Vor dem Servieren noch mal im Kühlschrank kühl stellen. Diese Creme schmeckt superlecker mit frischen Früchten und Schokoladen-Gugl. Wer von Champagner gar nicht genug bekommen kann, kombiniert die Creme mit dem Gugl Früchte-Champagner (von Seite 31).**

Für etwa 6 Portionen

2 Eiweiß
65 g Zucker
250 g Sahne
2–3 Blatt Gelatine
3 Eigelbe
1 TL Vanillinzucker
½ TL Abrieb einer Biozitrone
1 EL Quark
300 ml Champagner oder Sekt
15 g Zartbitterschokolade

Zubereitungszeit etwa 25 Minuten

Pistazieneis mit Schokobohnen

Ganz viel vom kleinen Glück zu haben, bedeutet für Jürgen aus München das große Glück. Glücklich macht es ihn auch, ganz viel von diesem Eis zu essen.

Für etwa 4 Portionen

100 g Zucker
300 ml Milch
200 g Sahne
2 Eigelbe
100 g Pistazien (gemahlen, ungesalzen)
20 g Pistazien (fein gehackt, ungesalzen)
50 g Schokoladenbohnen
1 EL Honig

Zubereitungszeit etwa 20 Minuten plus Gefrierzeit

1 Den Zucker mit einem Schneebesen in die Milch einrühren, bis er sich aufgelöst hat. Die Sahne cremig aufschlagen (nicht ganz steif schlagen) und mit den Eigelben verquirlen.

2 Gemahlene Pistazien in die Milch einrühren und langsam in die Sahne-Ei-Mischung einrühren. Fein gehackte Pistazien sowie Schokoladenbohnen und den Honig unterheben.

3 In einer gefriergeeigneten Schüssel etwa 20 Minuten in die Tiefkühltruhe stellen, herausnehmen, nochmals kräftig umrühren und wieder einfrieren.

Tipp Unbedingt viel Zeit einkalkulieren. Das Eis benötigt etwa 8 Stunden, um zu gefrieren. Zwischenzeitlich sollte es immer wieder umgerührt werden, um die Bildung kleiner Wasserkristalle zu vermeiden. Zum Servieren am besten einen köstlichen Gugl Marzipan-Schokolade (von Seite 15) reichen.

Kirschgrütze mit Schokosahne

(Das kleine Glück für Gerd aus Bremen ist es, an einem schönen Sommertag mit guten Freunden bei schönen Gesprächen und viel Lachen in einem echten Münchner Biergarten zusammen zu sein.)

1 Die gewaschenen Kirschen halbieren, entsteinen und in einem Topf mit dem Zucker vermengen. Den Kirschsaft mit dem Wein aufkochen. Den frisch gepressten Orangensaft mit dem Abrieb der Schale und dem Kirschwasser gemeinsam mit dem Kirschsaft und dem Wein bei niedriger Temperatur kurz köcheln lassen. Mit der Stärke abbinden und die Mischung über die Kirschen gießen.

2 Mit Zitronensaft abschmecken und unter Rühren etwas eindicken lassen.

Tipp **Diese Grütze schmeckt hervorragend, wenn sie noch warm mit einem Gugl Mokka-Walnuss (von Seite 29) serviert wird. Ein Schoko-Sahne-Häubchen macht sich geschmacklich ganz prima darauf. Hierfür einfach die Sahne und etwas Zucker mit dem Handrührgerät steif schlagen und das Kakaopulver einrühren. Zuletzt noch mit ein paar Schokosplittern garnieren.**

Für etwa 4 Portionen

350 g Kirschen
250 g Zucker
250 ml Kirschsaft
400 ml Rotwein
200 ml Orangensaft (frisch ausgepresst)
½ TL Abrieb einer Bioorange
1 EL Kirschwasser
2 EL Stärke
1 TL Zitronensaft

Für die Schokosahne

1 Becher Sahne
etwas Zucker
1 TL Kakaopulver
einige Schokosplitter

Zubereitungszeit etwa 20 Minuten

Meine Gugl-Rezepte

Zutaten

Zubereitung

Meine Gugl-Rezepte

Zutaten **Zubereitung**

Rezeptregister

Über dieses Buch

Redaktionsleitung
Susanne Kirstein

Projektleitung
Eva Wagner

Layout, Gesamtproducing
v*büro – Jan-Dirk Hansen, München

Redaktion
Nicola von Otto, München

Bildredaktion
Annette Mayer

Korrektorat
Susanne Langer

Umschlag- und Verpackungsgestaltung, Sourcing
Norbert Pautner, Berlin

Reproduktion
Regg Media GmbH, München

Druck und Verarbeitung
Anpak Printing Ltd., Hongkong

Printed in China

FSC
www.fsc.org
MIX
Papier aus verantwortungsvollen Quellen
FSC® C017997

Das für diesen Titel verwendete Papier ist FSC®-zertifiziert.

ISBN 978-3-517-08823-5
817 2635 4453

Über die Autorin

Alle Texte stammen von Chalwa Heigl. Sie entdeckte, dass zwischen Praline und Kuchen Platz für einen neuen, riesigen Genuss ist – und hat den Gugl erfunden.

Mehr vom Gugl

Sollten Sie einmal keine Zeit oder Lust haben zu backen oder einem lieben Menschen das kleine Glück schenken wollen, können Sie nicht diese, aber andere leckere Gugl und Saucen bestellen: **www.dergugl.de**. Werden Sie auch Fan vom Gugl: Auf Facebook erfahren Sie zuerst von unseren Neuigkeiten.

Hinweis

Die Ratschläge/Informationen in diesem Buch sind von Autorin und Verlag sorgfältig erwogen und geprüft, dennoch kann eine Garantie nicht übernommen werden. Eine Haftung der Autorin bzw. des Verlags und seiner Beauftragten für Personen-, Sach- und Vermögensschäden ist ausgeschlossen.

Impressum

Bildnachweis

Fotografie und Styling:
Maja Smend, London
Foodstyling: Kim Morphew, London
mit Ausnahme von:
www.dergugl.de (Seite 64)

Auch erhältlich:
Feine Gugl, ISBN 978-3-517-08824-2